DAS ALLES SIND GEFÜHLE

Eine Geschichte von

Michael Engler

Mit Bildern von

Julianna Swaney

arsEdition

So wagemutig war Lars noch nie: Nur noch auf Zehenspitzen steht er auf dem Stuhl, als seine Hände das Marmeladeglas fest umschließen.
Dann kommt seine Mama in die Küche.
Lars erschrickt, der Stuhl wackelt, das Glas fällt auf den Boden und platzt.
Rote Marmelade spritzt auf Fliesen und an Schränke.
Lars tut es leid, doch Mama schimpft.
Lars ärgert sich, dass das Glas kaputt ist und die Küche schmutzig. Er wird wütend und schimpft.
Sein Bauch krampft sich zusammen und sein Kopf wird heiß,
das Herz pocht wild und er beginnt zu zittern.
Jetzt schimpft seine Mama noch mehr.
Da schreit er und brüllt und rennt raus in den Flur.

Vor dem großen Spiegel bleibt Lars erschrocken stehen.
So hat er sich noch nie gesehen. So wütend, so verzerrt. Und außerdem ist sein Gesicht rot wie ein Feuerwehrmelder.
»Das bin ich nicht!«, schluchzt Lars.
Verzweifelt stürmt er durch die offene Terrassentür in den Garten und wirft sich auf die Erde hinter dem dichten Busch. Mit seinen Fäusten trommelt er auf den Boden, während dicke Tränen über seine Wangen rollen.
»Was ist denn hier für ein Radau?«, fragt eine leise Stimme.
Lars hebt den Kopf und schaut mit verweintem Gesicht auf.
Vor ihm sitzt ein Maulwurf auf seinem Hügel.

Mit schmutzigen Händen wischt Lars die Tränen aus seinem Gesicht.
»Hast du keine Angst vor mir?«, fragt er. »So wie ich aussehe?«
Der Maulwurf schüttelt den Kopf und sagt: »Du bist Lars. Ich kenne dich.«
»Aber jetzt bin ich wütend«, grummelt Lars.
»Du bist vor allem schmutzig«, sagt der Maulwurf.
»Musst du gerade sagen«, antwortet Lars und zeigt auf die klumpige Erde im Fell des Maulwurfs.

Da müssen sie beide lachen.
»Also, was genau ist das Problem?«, will der Maulwurf wissen.
Lars schnieft. Er erzählt, was passiert ist, und am Ende schluchzt er: »Und dann hab ich mich nicht mehr im Spiegel erkannt. Das war bestimmt ein anderer!«

Der Maulwurf schüttelt den Kopf. »Nein, nein«, sagt er. »Du bist immer noch Lars. Nur ein Lars mit ganz schön viel Gefühl.«

»Erst warst du mutig, dann hast du dich geschämt, danach wurdest du wütend«, zählt der Maulwurf auf. »Das alles sind Gefühle. Zusammen mit deinem Körper und deinen Gedanken bist das alles du: Lars.«

»Gefühle!«, stößt Lars hervor. »Was soll das denn sein? Das kann man nicht mal sehen oder anfassen. Das gibt's doch gar nicht.«

»Und wie es das gibt! Auch wenn man Gefühle erst mal nicht sehen kann, so kann man sie doch spüren.«

»Wenn du zum Beispiel wütend bist, passieren eine Menge Dinge in deinem Körper«, erklärt der Maulwurf. »Deine Muskeln ziehen sich zusammen. Dein Herz schlägt schneller. Dann bist du sehr angespannt.«

»Das passiert, wenn ich geschubst werde oder wenn ich etwas nicht zusammenbauen kann«, antwortet Lars. »Aber das ist blöd, das mag ich nicht.«

Der Maulwurf erklärt weiter:
»Gegen unsere Gefühle können wir nicht viel machen. Sie sind ein Teil von uns. Doch nicht alle unsere Gefühle sind blöd. Es gibt auch sehr schöne Gefühle, wie zum Beispiel Freude und Neugierde!«
Lars nickt. Ja, das sind Gefühle, die er gernhat. Glücklich denkt er an seinen Ausflug ins Museum zusammen mit Lina und Papa.

Verträumt erzählt der Maulwurf: »Manchmal, wenn ich morgens aufwache und die Sonne scheint, dann habe ich so viel Vertrauen in mich, dass ich eine Kuh umschubsen könnte.«
Lars lacht laut auf, als er sich das vorstellt. Dann hält er inne.
»Du schwindelst«, sagt er.
»Nur ein wenig«, gibt der Maulwurf zu.
»Du kannst die Sonne nämlich gar nicht sehen.«
»Aber ich spüre sie auf meinem Fell.« Der Maulwurf hält seine Nase in die Sonne und schnüffelt. »Dreh dich auf den Rücken«, sagt er.
Lars dreht sich um. Die warme Sonne scheint in sein Gesicht.
»Jetzt hol ganz tief Luft«, sagt der Maulwurf.
Lars atmet tief und langsam ein und aus und spürt, wie die Wut ihn verlässt.
»Fühlst du dich besser?«, fragt der Maulwurf.
Lars fühlt tief in sich und nickt.

»Bist du auch manchmal besonders mutig?«, fragt der Maulwurf vorsichtig.
Lars erinnert sich und erzählt stolz: »Ich bin schon mal von einer Mauer gesprungen und dann in einen Baum geklettert!«
»War das ein Tag, an dem es dir besonders gut ging?«
Lars überlegt, denkt an den Tag zurück und sagt: »Ich glaub schon.«

»Und gibt es auch Tage, an denen du ein wenig ängstlich bist?«, fragt der Maulwurf anschließend.
»Du meinst, dass ich nicht mal über eine Pfütze springe?«
Lars überlegt eine Weile. Dann nickt er. »Ja, die gibt es.«
»Mal bist du also mutig, mal bist du ängstlich. Aber immer etwas anders.«

»Das stimmt«, sagt Lars. Dann erzählt er: »Manchmal will ich mich einfach nur ganz klein machen und dicht an Mama oder Papa kuscheln.«
Der Maulwurf nickt, das kann er gut verstehen.

DRACHEN

»Und manchmal möchte ich, dass ganz viele Kinder da sind. Ich will, dass wir lachen und springen und Krach machen«, fährt Lars fort.
Auch das kann der Maulwurf gut verstehen.

»Es ist wichtig, auf deine Gefühle zu achten«, rät der Maulwurf.
Jetzt ist Lars etwas verwirrt. »Ich denke, die kommen einfach so«, sagt er.

»Manchmal versteht man seine Gefühle selber nicht, oder man kann sich nicht erklären, wo ein bestimmtes Gefühl plötzlich herkommt«, sagt der Maulwurf.
»Oh ja, das kenne ich«, seufzt Lars.
»Dann ist es ganz gut, wenn man mit jemandem darüber redet«, erklärt der Maulwurf.
»So wie wir jetzt«, lächelt Lars.

Der Maulwurf nickt, dann sagt er leise: »Aber ich kann nicht immer da sein.«

»Und alle diese vielen Gefühle, das bin dann immer ich«, sagt Lars nachdenklich.
»Ganz genau«, stimmt ihm der Maulwurf zu. »Ich fühle übrigens gerade, dass da hinten deine Mama kommt.«
Während Lars sich umdreht, fragt er: »Woher weißt du das?«

Der Maulwurf strahlt Lars an und fährt fort: »Du solltest eines nie vergessen: Wenn dir die Sonne auf den Bauch scheint oder du gerade etwas ganz Tolles gemacht hast, bekommst du noch mehr gute Gefühle.«

»Ja und?«

»Mach dir also ganz viel gute Gefühle und ganz wenig Gefühle, die dich stören.«

»Bist du immer noch wütend?«, fragt Lars' Mutter zärtlich.
Lars lächelt zaghaft und schüttelt den Kopf. »Nein, bin ich nicht.
Es tut mir leid, dass das Glas runtergefallen ist.«
»Ach, das Glas«, sagt seine Mama. »Ich hatte doch viel mehr Angst
um dich.« »Das ist auch ein Gefühl, oder?«, fragt Lars.
»Ja, aber kein schönes«, antwortet die Mutter. Dann setzt sie sich neben Lars
ins Gras, streichelt über seinen Kopf und drückt ihn fest an sich.
»Man muss keine blöden Gefühle haben«, erklärt Lars seiner Mama.
Dann strahlt er sie mit leuchtenden Augen an.
»Warum lachst du so?«, fragt sie.
»Ich hab gerade ein wunderschönes Gefühl«, sagt er.
»Ich hab dich auch sehr lieb«, flüstert Mama in sein Ohr.

»Und den Maulwurf hab ich auch lieb«, sagt Lars noch – doch der ist längst
schon wieder tief in der Erde verschwunden.

Michael Engler wurde in Niedersachsen geboren, wo das Land flach ist und die Wolken meist tief hängen. Schon lange wohnt er in Düsseldorf, wo die Wolken etwas höher hängen. Er lebt mit seiner Familie am Rand der Stadt, mit Blick auf einen Wald und sehr viel Himmel. Hier schreibt er Bücher für Kinder und Jugendliche, Hörspiele und Theaterstücke.

Julianna Swaney liebt Bücher, Tiere, Natur und Geschichte. Sie teilt ihr Zuhause in Portland (Oregon) mit ihrem Partner und einer Handvoll kleiner Pflegekätzchen. All diese Dinge inspirieren sie in ihrer kreativen Arbeit als Kinderbuchillustratorin. Ihre zarten Bilder entstehen mit Aquarell, Gouache und Farbstift.

Wir empfehlen euch auch:

ISBN 978-3-8458-3706-2

2021 nominiert für den Deutschen Kinderbuchpreis

»Ein bunter Blumenstrauß an Familienformen in eine warmherzige Geschichte verpackt!«
Mint & Malve

»Dieses Bilderbuch, das sich schon für Kitakinder eignet, vermittelt auf charmante Weise, wie vielfältig die Konstellationen sein können, in denen Menschen leben und lieben.«
Himbeer-Magazin

Dieses Buch ist mit viel Liebe entstanden.

Du findest uns auch auf Instagram unter @icherzaehldirdiewelt
Teile deine Fotos unter dem Hashtag #icherzähldirdiewelt
und #verlagarsedition mit uns. Wir freuen uns auf dich!

Du möchtest noch mehr von uns kennenlernen?

Friedrichstraße 9, D-80801 München
arsedition.de/service

Text: Michael Engler
Illustrationen: Julianna Swaney

ISBN 978-3-8458-4602-6

www.arsedition.de